Regarde, je lis !

Une histoire à lire tout seul
Niveau 1+

Vive les mariés !

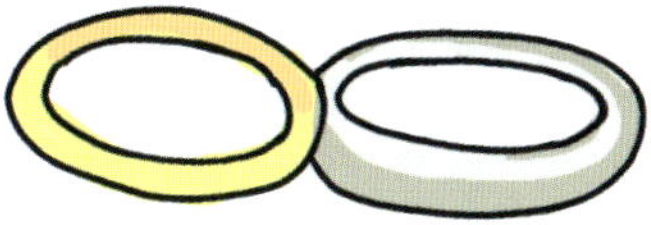

W0417920

Éric Battut
Professeur des écoles

Illustré par
Nathalie Desforges

Cet ouvrage est conforme à la nouvelle orthographe
www.orthographe-recommandee.info

FSC
www.fsc.org
MIXTE
Papier issu de sources responsables
FSC® C022030

Nathan

La tata de Mila

se marie. Alors,

Mila a une jolie

robe et Noé

un nœud papillon.

La mariée arrive.

Mila et Noé admirent

la robe en dentelle.

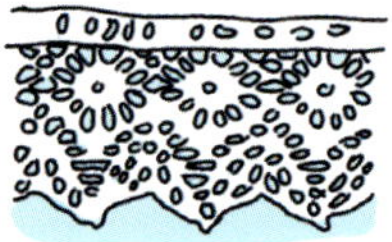

Le maire parle.

Puis, le marié

dit « oui ».

Et la mariée

dit « oui » !

Alors, Mila apporte

les alliances.

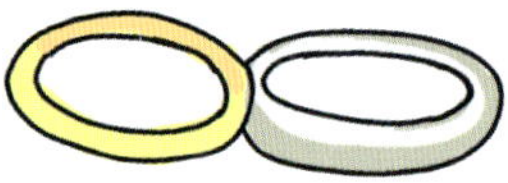

À la sortie, Noé

a les confettis.

Et Mila a les

pétales de roses.

– Vive les mariés !

MAIRIE

Puis, la mariée

a jeté le bouquet !

Mila lève les bras…

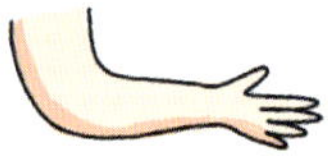

MAIRIE

Raté ! Une jolie fille

chipe le bouquet.

Mila se dit :

« Elle sera une jolie

mariée... »

Mila et Noé adorent

les petits fours.

Et les jus de banane

et de pêche.

Oh ! La mariée

a disparu…

Elle a juste passé

une jolie robe

de princesse.

Le repas fini,

le bal débute.

Le marié se lève.

Il est applaudi.

Ils dansent

une valse.

La mariée vole

comme une fée.

Noé est le roi

de la piste !

Et Mila ?

Elle dort sur

le voile.

– La pièce montée

est arrivée !

lui dit Noé.

Alors Mila bondit.

Oh ! La part de Mila

est un cœur !

Qu'as-tu retenu de l'histoire ?

Qui se marie ?

La tante de Mila.

Que porte Noé autour du cou ?

Il porte un nœud papillon.

Qui marie le couple ?

C'est le maire.

Qui apporte les alliances aux mariés ?

C'est Mila.

Que faisait la mariée lorsqu'elle a disparu ?

Elle changeait de robe.

Pourquoi dit-on que Noé est le roi de la piste ?

Car il danse très bien.

Qu'attendait Mila avec impatience ?

Elle attendait la pièce montée.

Création maquette et mise en pages : Céline Julien
© Nathan, 2022 – ISBN : 978-2-09-193561-4
N° éditeur : 10275933 - Dépôt légal : mars 2022
Achevé d'imprimer en France en février 2022 par Pollina - 41705